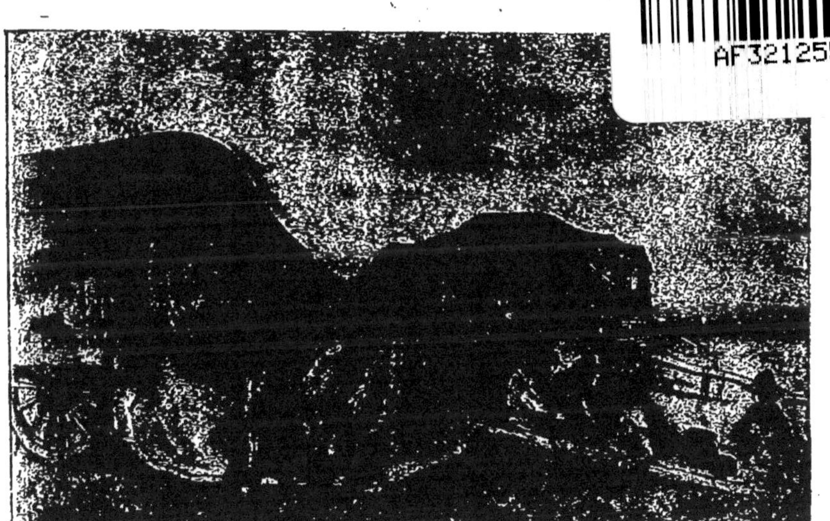

LA QUESTION DES BOERS ET LA FRANCE

Le conflit entre les deux éléments encore en présence dans l'Afrique du Sud, Boers et Anglais, est maintenant très proche. Il semble que l'Etat libre d'Orange de même que le Transvaal n'aient plus à compter que sur la perte de leur indépendance. Dès que la lutte armée sera engagée, elle ne pourra avoir qu'une issue fatale. L'Angleterre paraît d'ailleurs décidée à précipiter les évènements. Il lui tarde de faire disparaître ces deux petites républiques autonomes, réfractaires à sa suzeraineté, et qui forment depuis trop longtemps, à son gré, des enclaves plutôt gênantes que dangereuses dans ses propriétés du Cap, successivement agrandies en 1843 par la mainmise sur le Natal et en 1887 par l'annexion du Zoulouland. Au reste, Bloemfontein et Pretoria sont devenues trop prospères pour en ajourner davantage l'expropriation à faire au nom de prétentions qui, à Londres, tiennent, en matière coloniale, lieu de droit. Les Boers ont jusqu'ici très habilement et très heureusement déjoué tous ces calculs ou vaillamment repoussé les raids et les tentatives d'accaparement dont ils ont été l'objet. Mais leur sort n'en est pas moins décidé, et il est douteux qu'ils puissent le conjurer. Les ferments de liberté qui subsistent ataviquement dans leur sang néerlandais ne seront malheureusement pas assez puissants pour assurer, au vingtième siècle, pendant une période d'années bien longue, cette sauvegarde de leur patrie africaine, qu'ils ont due toujours à leur prudence et à leur esprit d'équité autant qu'à leur courage et à la fermeté de leur attitude. Ils n'auraient plus, comme en 1834, en 1843, en 1848, la ressource suprême du *treks* (1). L'Anglais a établi autour d'eux un blocus, où il ne leur serait pas possible de faire brèche. Quand

(1) Le *trek* c'est l'exode en masse, le mot vient du hollandais *trekken* qui veut dire « tirer » et aussi (*trekken, vertrekken*.) marcher, partir, quitter le pays.

la défense de leurs territoires aura épuisé leurs forces, ils se verront dans la nécessité inéluctable de capituler, d'ouvrir leurs portes, de livrer leurs clefs, de laisser arborer sur leurs édifices publics le drapeau britannique. Ils se trouveront alors absorbés dans la Rhodesia et bientôt annihilés. car ils ne se résigneront point à une compromission de races ni avec les Anglais ni avec les Afrikanders et. avant cinquante ans, il sera question du dernier Boer comme naguère du dernier Maori.

Les Afrikanders augmentent, d'autre part, considérablement en nombre. On sait ce que l'on entend par ce nom. Il fut donné d'abord aux anciens colons hollandais qui, après la découverte du Cap par les Portugais, y avaient fondé des établissements commerciaux, et, de paysans néerlandais, étaient devenus les Boers (1) africains. Il s'attribua ensuite également aux Allemands, Scandinaves, Flamands, huguenots de France qui vinrent chercher asile ou fortune parmi ces premiers occupants. Il s'applique maintenant, par opposition aux conquérants Anglais, à tous ceux qui, d'origine européenne, ont fait souche dans leur nouvelle patrie, principalement aux jeunes générations qui y sont nées et qui répudient l'Europe avec laquelle ils veulent rompre tout lien, à tel point que le Hollandais de Hollande est aujourd'hui aussi méprisé parmi eux que l'est l'Espagnol d'Espagne parmi les mexicains de Mexico. L'Afrikander est, en d'autres termes, le nationaliste qui revendique la possession exclusive du sol qu'il a cultivé et fertilisé de père en fils, et dont la richesse est son œuvre. Il n'admet point d'autre politique que celle de l'Afrique aux Afrikanders. Cependant cette revendication ne va plus, comme dans le passé, jusqu'à la proscription de l'élément anglais. L'appellation d'Afrikanders a perdu son sens antagoniste. Le séparatisme a cessé d'être intransigeant. Il s'est transformé en une ligue autonomiste dans laquelle la question purement et étroitement hollandaise s'est effacée pour faire place à la conception plus large d'une nationalité où se confondent les animosités originelles, perdant leurs caractères de réciprocité agressive, et se transformant en une communauté de sentiments et d'aspirations. Cette entente, dont le promoteur fut M. Hofmeyr, le Parnell des Afrikanders, par la création de l'*Afrikander Bond* (association des Afrikanders), a été, grâce à Cecil Rhodes, détournée de son but. Organisée primitivement par le fondateur du Bond en haine de l'Angleterre, elle fut exploitée par celle-ci avec une politique tellement consommée que le dictateur Hofmeyr lui-même a été pris dans les mailles du filet anglais, et d'adversaire décidé de Cecil Rhodes s'est changé en son plus loyal auxiliaire, sans que personne l'ait accusé de désertion, puisqu'il a entraîné à sa suite les plus tenaces intransigeants.

Un seul groupe a persévéré dans sa foi aux vieilles traditions irréconciliables : ce sont les Boers de l'Orange et du Transvaal, les déscendants de ceux qui n'ont pas oublié, et qui, au fond de leur cœur, gardent éternellement vivaces les rancunes léguées par les ancêtres. Ceux-là connaissent l'histoire du Cap, la relisent et la redisent entre eux. Ils savent comment et pourquoi eurent lieu les émigrations devant les Anglais, et ils se souviendront à jamais d'une manière indélébile de ces scènes semblables à celles de l'Acadie, quand le Boer dépossédé, menacé de mort, d'extermination, s'en alla, emmenant. dans son chariot à bœufs, sa femme

(1) Le mot *Boer* est hollandais et veut dire paysan.

et ses enfants, vers les régions inconnues arrosées par le Vaal, où il
s'expatriait, à l'exemple des Irlandais, n'ayant, pour refaire son existence, que sa volonté. Ces vieux Boers ne feront jamais, quoi qu'il arrive,
le sacrifice de leur *Zelfstandigeid* (expression hollandaise correspondant
au *home-rule* irlandais). Ils ont prouvé, voici plus de soixante ans, et même
dans des circonstances toutes récentes, qu'ils ne sont pas dupes des pro-

CARTE DE L'AFRIQUE SUD-EST.

messes fallacieuses de l'Angleterre. Les faits dont ils ont été si souvent
témoins ont justifié leurs défiances et leurs haines invétérées. Ils ont cru
pendant quelques années, à la sincérité du Bond, mais, trompés par les
Afrikanders, ils ne voient plus dans ces derniers que des instruments aux
mains des Rhodes, des Hofmeyr et des autres agents plus ou moins directs
des manœuvres britanniques. Leur Bible, qui est pour eux non seulement
le livre de la foi, mais celui de l'expérience et du conseil, leur fait le tableau
des malheurs qui peuvent peser sur un peuple. Dans ce livre, le seul qui
compose toute la bibliothèque de la plupart d'entre eux, ils apprennent

comment procèdent les envahisseurs et avec quelles armes on peut les combattre. A ce livre et à leurs espérances ils resteront fidèles jusqu'à la dernière heure. Mais, hélas! ils n'endigueront pas le flot anglo-saxon, qui couvrira bientôt toute la carte sud-africaine.

L'Angleterre ne s'arrêtera pas là. L'Afrique Australe ne représente pour elle qu'un facteur dans ses calculs patiemment étudiés. Mais une fois ce facteur entièrement acquis, sa base d'opération se trouvera si fermement consolidée que l'Anglais étendra la main vers le centre du continent : en même temps qu'il s'établira plus largement à l'est et à l'ouest, il poursuivra sa politique égyptienne au nord.

Les sympathies de l'Europe ne vont pas à la *Greater Britannia* (la plus grande Bretagne, comme il est convenu d'appeler l'expansion anglaise en Afrique). Dans l'affaire de Jameson, c'est aux victimes de la violation du droit des gens, aux Boers, et à leur si digne défenseur l'*Oncle Paul* que se sont adressés les témoignages d'estime, tandis que l'on a flétri les flibustiers secrètement favorisés par le gouvernement britannique. Mais les sympathies et les dépêches chaleureuses ne sont pas, en politique, des garants sur lesquels on puisse se reposer aveuglément. L'Angleterre, pour avoir été mise en échec en 1896, grâce à l'insuccès du coup de main de la Chartered, n'a pas renoncé à toute entreprise contre le Transvaal et l'Orange. La politique des Chamberlain n'est pas de celles qui abdiquent. Le chef du *Colonial Office* n'a-t-il pas déclaré, en demandant un bill d'indemnité pour le Napoléon africain (M. Cecil Rhodes), que le *raid*, dont Jameson n'a été que l'auteur responsable, ne constituait en définitive pour celui qui l'a inspiré que « la noble faiblesse d'une grande âme »? Et, sous cette formule de rhétorique, n'a-t-on pas saisi facilement que pour le cabinet de Londres la seule faiblesse, dans l'occurrence, a été de ne pas avoir secondé plus efficacement les organisateurs du complot?

Ce complot se renouvellera, ou plutôt il est toujours latent. Nous le verrons se reproduire à courte échéance, mais, mieux ourdi, avec tous les atouts dans le jeu des Anglais. Ce ne sera ni la France, ni très probablement l'Allemagne elle-même, qui empêchera sa réussite, et quand celle-ci sera définitive, l'araignée britannique étendra sa toile.

Ainsi, d'étape en étape, aura lieu le rapprochement des frontières françaises et anglaises en Afrique. Devant ces faits, la prévoyance nous dicterait de profiter du temps pour augmenter nous-même notre aire coloniale dans le continent noir. Il est démontré aujourd'hui que les droits acquis par l'occupation ne valent que lorsque cette occupation est sanctionnée par la durée. L'Angleterre nous a contesté Fachoda et nous l'a fait abandonner, parce que notre établissement n'y datait que de la veille de la victoire anglaise de lord Kitchener à Omdurman. Elle incline à soulever des objections contre nos titres de possession ailleurs. Nous sommes avertis. Ne pas tenir compte de ces leçons qui viennent s'ajouter à celles du passé serait méconnaître nos intérêts les plus vitaux. Il n'est que temps de se le dire et d'agir avec résolution si l'on ne veut point, par une passivité qui deviendrait coupable, fournir de nouveaux aliments à cet orgueil britannique, immense comme l'Océan, dont il réclame hautainement tout l'empire.

Charles SIMOND.

LES BOERS [1]

I

L'ÉTAT LIBRE D'ORANGE

Il n'y a peut-être pas deux villes au monde qui, tout en étant si voisines, soient en réalité aussi éloignées l'une de l'autre que Kimberley et Bloemfontein. Les deux villes ne sont pas distantes de plus de 128 kilomètres ; mais la voie ferrée, qui suit les trois côtés d'un parallélogramme, présente un développement de 640 kilomètres, le quintuple de la distance réelle, et l'on met vingt-quatre heures à franchir un trajet qu'on franchira en cinq heures lorsqu'on aura construit une ligne directe à travers l'État libre d'Orange.

Pour atteindre Bloemfontein, il faut refaire, jusqu'à De Aar Junction, un trajet déjà fait. A sept heures du soir, le train franchit le fleuve Orange sur un long pont de fer, et une demi-heure d'arrêt est accordée pour dîner à la gare d'Orange River.

Quand le train repart, j'allume un cigare et je me mets à rêver dans la nuit. C'est une étrange impression que de rouler en chemin de fer dans ces pays neufs où hier encore le plus rapide moyen de transport était le coche attelé de dix mules. Diligences et chars à bœufs ne sont déjà plus qu'un souvenir passé. Dans la nuit

(1) Extrait de l'ouvrage intitulé *A travers l'Afrique australe* par JULES LECLERCQ (Paris, librairie Plon.)

noire on peut se croire non en Afrique Australe, mais dans les
prairies du Far West ou dans les pampas de l'Amérique du Sud,
qui étaient, il y a vingt ans, ce qu'était l'Afrique Australe il y a
quelques mois. Dans vingt ans encore, l'Afrique entière sera peut-
être sillonnée de voies ferrées, et le sifflet de la locomotive reten-
tira dans les déserts et les forêts où il n'y a aujourd'hui d'autres
sentiers que ceux tracés par le lion et l'éléphant. Et quand le chemin de fer aura uniformisé le monde entier, le monde sera pris de
cet immense ennui prophétisé par cet écrivain qui parcourut l'Espagne au temps des diligences, des mayorals et des brigands.

A minuit j'arrive à De Aar Junction, point de rencontre des
trois lignes qui constituent le réseau de chemins de fer de la colonie, la ligne de l'Ouest, la ligne de l'Est, et la ligne du Centre. Un
employé du chemin de fer, à qui je demande s'il faut changer de
train, me répond avec le laconisme anglais : « Vous le pouvez si
vous le voulez. » Cette réponse, pour paraître peu polie, n'est
qu'énigmatique : on s'explique, et j'apprends que je puis changer
aussi à Naupoort ; mais comme nous ne serons à Naupoort qu'à
trois heures du matin, mieux vaut changer ici pour dormir sans
interruption. Mais quand arrive, une demi-heure après, le train de
Cape-Town, le conducteur m'objecte qu'il n'y a pas de place dans
le wagon-lit, et que force sera de changer à Naupoort. A cette
objection, j'oppose mon papier officiel. L'effet est magique, le
conducteur s'empresse de m'ouvrir un compartiment à couchettes
où dorment à poings fermés deux dignes missionnaires anglais
qui ont déposé tout leur bagage sur les couchettes supérieures :
dérangés dans leur doux sommeil, ces messieurs me font place en
maugréant. Malgré l'exiguïté du compartiment hermétiquement
clos, la nuit est glaciale, et je bénis le « karos » que j'ai acheté à
Kimberley. Personne ici ne voyage sans ce précieux « karos » qui,
pour n'être qu'une grossière peau de mouton, n'en est pas moins
la plus chaude des fourrures. Mes deux missionnaires, en vrais
Anglais pratiques, voyagent avec tout un arsenal de couvertures,
de plaids, de châles, de pardessus, de coussins. On voit que l'opu-
lente « Missionary Society » veille au bien-être de ses agents. Il
est juste de dire qu'outre ce bagage matériel, ils ont un bagage
spirituel : ils ont toute une bibliothèque de publications évangé-
liques, de revues religieuses, et, en guise de prière du matin, ils
lisent, ou font semblant de lire d'immenses bibles dont la seule
vue ne peut manquer d'exercer une salutaire impression sur les
indigènes du Swaziland qu'ils vont évangéliser, pour préparer les
voies à l'annexion anglaise.

Pendant la nuit nous avons repassé la rivière Orange, et le pays
qui se déroule maintenant au regard est le territoire de l'État libre,
la plus ancienne des deux républiques indépendantes qui ensemble
occupent une si grande place dans l'Afrique Australe. A l'aspect

du paysage, on ne se douterait guère qu'on a changé de contrée, car c'est toujours le même « veldt » sans arbres, borné par les mêmes collines tabulaires. Les yeux s'ouvrent le matin sur les mêmes scènes qu'ils contemplaient la veille. A mon réveil, il tombe une pluie battante, qui durera toute la journée, tout comme si l'hiver n'était plus la saison sèche. Je ne sais vraiment ce qu'il faut croire de cette prétendue saison sèche de l'Afrique Australe ! Cette pluie accentue encore la souveraine monotonie du voyage. Du matin au soir, ce sont les mêmes horizons. De loin en loin surgit une ferme isolée, plus rarement encore un village Les distances semblent incommensurables, comme dans les steppes de la Russie, et l'on se représente difficilement ce qu'il a fallu de temps et de patience pour les franchir au lourd pas des bœufs, lorsque les Boers vinrent chercher dans ces grandes plaines une nouvelle patrie.

Et en vérité, ces immenses espaces sont bien le pays qui convient aux Boers : chacun d'eux peut mettre entre lui et son voisin la distance qu'il lui faut pour faire paître au large ses bœufs et ses moutons. A la vue de ces étendues illimitées, sans arbres et sans cultures, où errent de longues files de chars à bœufs, on devine qu'on est entré dans le véritable domaine des Boers.

Curieux phénomène que cette république pastorale de l'Orange, complètement enclavée au milieu des colonies anglaises de l'Afrique Australe. Dans ce vaste continent, ce n'est qu'un petit État, quoique son territoire égale le tiers de la France. L'enclave est complète : l'État libre est absolument enfermé dans les pays britanniques, sauf du côté du Transvaal, auquel il confine par le nord et qui n'est lui-même qu'une enclave. Placé à soixante lieues de la mer des Indes et à deux cents lieues de l'Atlantique, il est séparé des deux Océans par de hautes chaînes de montagnes qui l'isolent du monde ; il n'a pas d'autre mer que le « veldt », et jusque dans ces derniers temps n'avait pas d'autres vaisseaux que le char à bœufs. Mais depuis quelques mois le chemin de fer le traverse de part en part, et avec le chemin de fer la fin de l'ère pastorale est proche : les richesses du sol, inexploitées jusqu'aujourd'hui, seront bientôt mises en valeur par ces mêmes Anglo-Saxons qui ont posé leurs rails sur le « veldt ».

L'État libre doit son origine au fameux exode connu sous le nom de grand « trek ». L'émancipation des esclaves, décrétée en 1835, dans les colonies anglaises, provoqua le mécontentement des colons hollandais, qui se considérèrent comme injustement dépouillés. Ils vendirent leurs biens et « trekkèrent » par milliers, vers les territoires situés au delà du fleuve Orange, qui n'avaient jamais été foulés par les blancs, et que les récits des chasseurs griquas leur avaient représentés comme une contrée fertile et giboyeuse. Avides d'indépendance et de liberté, ils choisirent pour chef un homme

pieux, intelligent et brave, du nom de Pieter Retief, qui conduisit
son peuple vers la terre promise. Plus de six mille émigrants,
constituant l'élite de la colonie du Cap, voyageant les uns en char
à bœufs, les autres à cheval ou à pied, mirent le fleuve Orange
entre eux et les Anglais. Un certain nombre allèrent jusqu'au
Natal et au delà du Vaal, mais la plupart s'établirent entre le Vaal

CECIL RHODES.

et l'Orange. Trouvant le champ libre dans ces grandes plaines her-
-beuses qui n'étaient habitées que par les Bushmen et quelques
autres tribus indigènes, ils y fondèrent une république et adoptè-
rent en 1854 une constitution calquée sur celle des États-Unis.
Cette république est gouvernée par un président électif nommé
pour cinq ans et par un volksraad, ou assemblée populaire, dont
les membres sont élus pour quatre ans.

Une république qui se respecte doit avoir une capitale. La république d'Orange a la sienne, mais cette capitale fait si peu parler

d'elle que j'avoue que je n'en connaissais pas le nom avant d'avoir
combiné mon programme de voyage. Ce nom me fascina tout de

suite quand je le vis pour la première fois sur la carte : *Bloemfontein!* Naturellement, je traduisis « Fontaine des fleurs », et ce nom

si doux, si poétique, évoquait en moi les bucoliques souvenirs de l'Arcadie. Mais il paraît que je m'étais trompé : Bloemfontein n'est pas la fontaine des fleurs. Au pays des Boers, villes et villages sont généralement situés dans le voisinage d'une eau courante qu'ils appellent « fontein ». Or, le premier Boer qui s'établit au bord de la rivière qui arrose la contrée s'appelait Bloem : il donna son nom à la future capitale de la république. Bloemfontein, Jagersfontein, Matjesfontein, Olifantfontein, sont autant de noms de villes.

Me voici dans la métropole de l'Orange qui, il y a quelques mois à peine, n'était encore accessible qu'en diligence ou en char à bœufs. A l'aspect de cet amour de capitale, où l'on débarque aujourd'hui en chemin de fer, je me suis rappelé Tromsoe, cette capitale de la Laponie, qui prétend au titre de « Paris du Nord ». Le plus naïf de nos villages aurait aussi grand air que le « Paris des Boers. » Lorsqu'on m'assurait à Kimberley qu'il fallait deux heures pour voir la ville, je croyais qu'on se moquait : on exagérait, car une heure suffit pour en parcourir toutes les rues.

Bloemfontein compte une population de trois mille blancs. Il y a, en outre, environ quinze cents Cafres; mais cette population indigène est reléguée dans un village voisin, une « location », qui porte le nom de Wray Hook. C'est peu pour la capitale d'un territoire d'une telle étendue. Dans cette république, la capitale est un village, et les villages sont des fermes isolées, comme en Islande. Bloemfontein est elle-même absolument isolée dans la plaine : sauf la « location » indigène, qui se trouve à une demi-lieue de la ville, elle n'a point de faubourg, et elle a des limites aussi précises que celles d'une forteresse.

Qu'on s'imagine une aimable petite ville hollandaise, d'aspect plus propret, plus avenant que Kimberley, qui est sa plus proche voisine et à laquelle elle ne ressemble en aucune façon (1) : elle a des maisons plus substantielles, non plus en horrible fer-blanc, mais en briques et en pierres, et généralement sans étage. Une longue artère la traverse de part en part, coupée par une vaste place carrée qui forme le centre de la ville et qui présente un aspect pittoresque les jours de marché, quand elle est encombrée de chars à bœufs. Quatre rues courent parallèlement à cette grande artère et sont coupées à angle droit par des rues transversales, en sorte que Bloemfontein a l'irréprochable régularité d'une ville américaine. Cette ville de trois mille âmes est dix-fois plus étendue qu'une de nos villes de même importance, par suite de l'éparpillement des maisons entre lesquelles il y a de vastes espaces qui attendent les constructions futures. Elle n'est pas grande, sans doute, mais elle fait semblant de l'être, et si elle n'a point les magnificences d'architecture qui conviennent à une capitale, tout y respire un air

____

(1) Voir *Bibl. ill. des Voyages*, nº 17. *Les mines de diamants*, par E. Foa.

d'aisance et de bonheur tranquille qui atteste que la pauvreté y est inconnue. Le chemin de fer ne manquera point de changer tout cela, mais aujourd'hui encore il en coûte, pour vivre dans cette petite ville, trois fois plus qu'à Paris ; la monnaie de cuivre y est aussi inconnue qu'à Kimberley ; la cherté de la vie en éloigne les oisifs, les mendiants et les vagabonds. Cette ville, qui n'a point de classe pauvre, n'a pas non plus de classe ouvrière, parce qu'elle n'a pas d'industrie. Aucune usine, aucune manufacture, aucune machine. C'est la ville des Boers, et les Boers n'ont jamais été et ne seront jamais des fabricants. Il y a bien la gare du chemin de fer, mais le chemin de fer est aux mains des Anglais.

Enfin Bloemfontein ne serait pas Bloemfontein si l'on y voyait des soldats. Cette heureuse république n'a point d'armée, quoique tous les citoyens puissent être appelés à servir en cas de guerre. Il y a bien une citadelle, érigée au sommet d'une colline qui domine d'un côté la ville, de l'autre une campagne d'une complète nudité et d'une souveraine tristesse ; mais elle ne m'a pas paru bien terrible, cette jolie petite citadelle de parade, défendue par deux pièces de canon et par un corps de quarante-huit artilleurs qui constituent l'armée permanente de l'État, affublés d'un uniforme gris fort laid, sous lequel ils semblent s'ennuyer à mourir. Je les ai vus se livrer, en guise d'innocent passe-temps, à des exercices de gymnastique sur la barre rigide et sur le trapèze. Cette armée d'opéra-comique suffit à maintenir la sécurité de la république, qui n'a d'ailleurs jamais eu d'autres ennemis que les Bassoutos. Il y a, tout près de la citadelle, au point culminant de la colline, un monument en forme de pyramide, érigé par la nation reconnaissante aux braves qui succombèrent dans la guerre contre les Bassoutos (1).

En somme, cette petite ville de Bloemfontein a son cachet spécial : il n'y avait aucune raison de l'établir ici plutôt qu'ailleurs ; le site n'est ni plus pittoresque ni plus fertile que le reste de la contrée, mais il était nécessaire que la république d'Orange eût une capitale, et Bloemfontein a été choisie parce qu'elle est au centre du pays tout comme Madrid ou Bruxelles.

On pourrait s'attendre à trouver dans une capitale des hôtels décents, mais c'est là un luxe inconnu dans toute l'Afrique Australe. L'hôtel Bloemfontein, qu'on m'avait signalé comme le meilleur, est d'une saleté tout africaine. La première nuit j'ai dû partager ma chambre avec un Boer gigantesque, qui ronflait comme un Polyphème dans une chemise malpropre et dormait avec un gros chien. Je ne parle point des concerts de chats, des piaffements des chevaux, des sarabandes de rats et de mille autres trouble-sommeil. Glissons sur ces petites misères d'un voyage d'agrément.

Ce que j'envie le plus aux paisibles habitants de Bloemfontein,

_____

(1) Voir *Bibl. ill. des Voyages*, n° 24, *Les Bassoutos*, par F. Christol.

ce n'est ni le calme de leur existence bucolique, ni le bonheur qu'on peut éprouver à ne rencontrer dans les rues ni soldats ni mendiants, ni même le charme qu'il peut y avoir à habiter une ville sans usines, sans fumée, sans bruit. Ce que je leur envie, c'est leur climat idéal, c'est la pureté du ciel, c'est l'air qu'ils respirent. Ah ! cet air du haut plateau d'Orange, comme il dilate les poumons, comme il pénètre tous les sens de joie et de bonheur ! Aussi léger, aussi éthéré que l'air des Alpes, aussi sec, aussi sain que l'air qui baigne les glaciers du Caucase. Maintenant que Bloemfontein n'est plus qu'à trente-six heures de Cape-Town, elle ne peut manquer de conquérir bientôt sa place parmi les stations climatériques les plus propres à guérir ou à soulager les pulmonaires. Située à 1,800 mètres au-dessus du niveau des mers, c'est-à-dire à la même altitude que la Maloya, elle joint à une remarquable égalité de température une atmosphère plus élastique et plus rafraîchissante que celle qu'on peut trouver en Egypte ou à Madère. Ce n'est pas, toutefois, que Bloemfontein jouisse d'un printemps perpétuel : j'y suis arrivé au cœur de l'hiver, par un jour pluvieux et froid, un de nos mauvais jours de novembre, quoique nous soyons en juillet, et le lendemain il soufflait un vent du sud aussi âpre et aussi mordant que notre vent du nord ; j'ai même vu une photographie, prise au mois de juillet de l'année dernière, et représentant la ville blanchie par une mince couche de neige ; mais ce sont là, me dit-on, des phénomènes exceptionnels, et l'hiver, même avec ses rigueurs passagères, est la saison la plus sèche et la plus favorable aux malades. Les nuits sont si claires que la ville se passe d'éclairage : les étoiles de l'admirable ciel austral suffisent.

Dans cet air pur, les sons ont une extraordinaire intensité. Comme je contemplais le firmament sur la grande place carrée qui s'ouvre au centre de la ville, je fus tout à coup distrait de ma rêverie par des chants sauvages accompagnés du tambour. Les chants étaient d'une telle sonorité qu'on pouvait les entendre dans toute la ville, et je crus qu'ils ne pouvaient sortir que de gosiers cafres. En m'approchant, je reconnus que les prétendus Cafres se réduisaient à un sextuor de soldats de l'armée du Salut, hommes et femmes, qui exécutaient leurs cantiques à grand renfort de grosse caisse. Ces pauvres diables prêchaient dans le désert, puisque j'étais le seul assistant, et quand je le leur fis remarquer, dans l'intervalle de deux cantiques, la grosse caisse étouffa aussitôt ma voix, et les forcenés chanteurs redoublèrent d'énergie. Je n'ai rien vu de plus lamentablement grotesque.

En sa qualité de capitale, Bloemfontein a quelques édifices publics. Elle est la résidence du Staatspresident ou président de la République, elle est le siège du pouvoir législatif et du pouvoir judiciaire, elle a des églises, elle a des écoles. Les églises n'ont rien de monumental. La cathédrale, consacrée au culte de l'église

hollandaise réformée, n'est qu'un temple de village. Pendant longtemps, l'assemblée des représentants du peuple, le « Volksraad »,

a siégé dans un odieux bâtiment situé à l'extrémité de la ville ;
pendant que j'étais à Kimberley, on a inauguré tout à côté, un
palais législatif, le « Raadsaal ». Ce prétentieux temple grec, qui
n'a pas coûté moins d'un million de francs, paraît un peu dépaysé

dans cette modeste capitale. L'édifice est surmonté d'une coupole, comme le Capitole de Washington. J'y suis entré à l'heure de la séance, qui se tient le matin, de dix heures à midi. La salle des débats est d'une grandeur tellement exagérée qu'on y logerait aisément tous les habitants de la ville; occupant presque toute l'étendue de l'édifice, dont elle a la forme oblongue, elle est divisée en deux enceintes d'égale grandeur, que sépare une simple balustrade en bois. La première enceinte est destinée au public, auquel sont libéralement allouées diz-sept rangées de seize confortables fauteuils ; mais il faut croire que les débats ne passionnent guère les paisibles habitants, car je n'ai compté que trois assistants, *rari nantes* dans cette houle de fauteuils. La seconde enceinte, qui occupe le fond de là salle, est celle où siègent les cinquante-six élus de la nation : leurs fauteuils sont disposés non en hémicycle, mais en carré autour de la table ronde où écrivent les scribes. Au fond, est la tribune en chêne où siègent le Raadspresident et le Staatspresident. La décoration de la salle est d'une sévère simplicité ; les murs, couleur vert d'eau, supportent un élégant plafond auquel pendent une vingtaine de drapeaux blanc et orange, couleur de l'État libre.

Ce Volksraàd a une physionomie patriarcale, tranquille et reposante, qui contraste avec les agitations de nos parlements européens : sur les cinquante-six membres qui le composent, il y a quarante-six Boers : un parlement de fermiers et de paysans, reflétant bien l'image d'une république pastorale. La séance est d'un calme plat coupé de silences plus longs que les discours : de temps en temps, un orateur d'un aspect peu troublant se lève pour dire quelques mots dans la vieille langue hollandaise, puis se rasseoit, et il se passe plusieurs minutes avant qu'un autre orateur réponde au préopinant sur le même ton paisible et lent. Si ces Boers, boutonnés dans leurs redingotes, portaient le costume de leurs ancêtres, l'illusion serait complète ; ils ont, pour la plupart, des physionomies du dix-septième siècle, telles qu'on en voit sur les tableaux des vieux peintres hollandais, et la langue qu'ils parlent ne s'est guère transformée depuis que Jean Van Riebeek fonda, en 1652, la colonie hollandaise de l'Afrique Australe.

Le Volksraad est une assemblée bien plus omnipotente que ne le sont nos parlements européens : il n'y a point ici une chambre basse et une chambre haute, il n'y a que le Volksraad, dont les décisions sont souveraines, car le président n'est point armé du véto. L'assemblée représente presque exclusivement les intérêts ruraux : des cinquante-six membres, il n'en est que treize qui soient désignés par les soi-disant villes, tous les autres sont nommés par les districts ruraux. La capitale elle-même n'envoie qu'un seul député. Les villes qui ont quelques attaches anglaises ont donc une bien minime influence dans cette assemblée de Boers, et comme les Boers sont tous de fervents partisans de l'indépendance de leur pays, l'Angleterre ne pourra jamais confisquer cette indépendance que de la façon dont elle a essayé de le faire au Transvaal. Les députés sont élus pour quatre ans, et la chambre est renouvelée par moitié tous les deux ans. Ils reçoivent une indemnité de vingt-cinq francs par jour pendant la session. Le président de la République a un siège à côté de celui du président de la chambre : il peut prendre part aux débats, mais non aux votes. La chambre peut l'inviter à se retirer, mais elle n'a jamais usé de ce pouvoir. Le président est élu par les bourgeois pour un terme de cinq ans, mais comme il peut être réélu indéfiniment, on a vu un de ces élus occuper la présidence pendant vingt-cinq années consécutives.

Le système électoral de l'État libre est beaucoup moins démocratique que celui de la colonie du Cap, en dépit de la forme républicaine du gouvernement. L'électorat appartient aux bourgeois âgés de vingt et un ans, et sous ce titre de bourgeois on comprend trois catégories d'individus : les blancs nés dans le pays, les blancs résidant dans le pays depuis au moins un an et propriétaires de biens immobiliers d'une valeur de cent et cinquante livres sterling, enfin les blancs qui ont résidé dans le pays pendant trois années consécutives. Des individus de la deuxième et de la troisième catégorie ne peuvent toutefois être admis au rang de bourgeois qu'après avoir produit, devant le Staatspresident, un certificat de bonne conduite émanant des autorités de leur dernier lieu de résidence, et, en outre, une promesse écrite de fidélité envers les lois du pays.

Ce qui caractérise ce système électoral, c'est l'exclusion des noirs. Dans la colonie du Cap, le Cafre est électeur; dans l'État libre, le Cafre n'exerce aucun droit politique. Les Anglais, en affranchissant les noirs, ont proclamé le principe que dans un pays libre il ne pouvait y avoir aucune distinction de couleur. Les Hollandais n'ont pas eu semblables scrupules : le droit de suffrage est, chez eux, un privilège exclusivement réservé aux citoyens de sang européen ; et l'on comprend ainsi combien les Boers répugneraient à l'annexion anglaise, qui aurait pour premier résultat de supprimer un privilège dont ils ont toujours été si jaloux.

Aller à Bloemfontein sans voir le Staatspresident, ce serait comme aller à Rome sans voir le Pape. Le président est d'un abord facile, et les étrangers qui l'approchent se retirent toujours enchantés de ses manières simples et affables et de sa conversation pleine de charmes. De même que son prédécesseur le président Brandt, il est originaire de la colonie du Cap, et il a exercé la profession d'avocat à Cape-Town. Il est poète dans ses moments perdus, et ses vers respirent l'amour de son pays. Comme il est jeune encore, et qu'il a su se rendre populaire, il paraît destiné à une longue carrière présidentielle. Le président de la petite république d'Orange m'a paru être beaucoup plus convenablement logé que le président de la grande république américaine dans sa piteuse Maison Blanche. Il habite, à l'extrémité de la ville, une superbe villa entourée d'un parc, et cette demeure, propriété de l'État, est le plus bel ornement de la capitale.

PRÉSIDENT KRUGER.

Je tenais de mon ami M. Ieslein, consul général de l'État libre une lettre d'introduction pour « Son Honneur », — c'est le titre qu'on décerne au Staatspresident. — Il s'est excusé de ne pouvoir me recevoir comme il l'eût voulu, parce qu'un septième enfant venait de lui naître ! Voilà un chef d'État qui ne craint pas d'enseigner par l'exemple que le premier des devoirs est de donner des citoyens à la patrie ! M. Reitz a le physique du robuste homme du Nord : de belle carrure et de haute stature, le front haut, le regard franc et doux, la barbe longue et touffue, il m'a rappelé le type norvégien plutôt que le type hollandais. Physionomie ave-

PRÉSIDENCE DU GOUVERNEMENT A PRETORIA.

nante et sympathique, et homme du monde faisant contraste avec son voisin du Transvaal, M. Krüger, dont les mœurs rustiques sont proverbiales. Il manie la langue anglaise avec la même facilité que la langue des Boers, et pour faire connaître son pays, il a même écrit en anglais, à l'occasion de l'exposition de Chicago, une petite brochure intitulée : *The Orange Free State Republic*, dont il m'a gracieusement fait hommage : on y trouve des aperçus sur l'histoire, l'aspect, la population, le climat, les ressources et le gouvernement du pays.

Lors du voyage que firent en Europe, il y a quelques années, M. Krüger et deux de ses ministres, il fut beaucoup question de l'émigration de nos populations au pays des Boers. J'ai voulu connaître sur ce point l'opinion d'un homme aussi éclairé et aussi compétent que le président Reitz, et il m'a déclaré sans hésiter qu'il appelle de tous ses vœux l'immigration européenne. D'après le dernier recensement, qui n'est d'ailleurs qu'approximatif, la population du territoire de l'État libre n'est que de 207,000 habitants ; mais si l'on déduit de ce chiffre les indigènes Bassoutos et Barolongs, au nombre de 130,000, il ne reste en réalité que 77,000 blancs, et le nombre des bourgeois ne dépasse guère 17.000. Ce vaste territoire est donc à peine peuplé, et près des deux tiers de sa population se composent de noirs. M. Reitz m'a beaucoup vanté l'extrême fertilité des districts orientaux qui confinent au Bassoutoland, ou pays des Bassoutos indépendants. La terre y produit le froment et toutes les céréales, et c'est la région qui se prête le mieux à la culture, tandis qu'ailleurs le pays n'est propre qu'à l'élevage du bétail. D'après M. Reitz, ce district fertile conviendrait éminemment à l'émigration de nos fermiers. Il tient nos cultivateurs en haute estime, et les regarde comme possédant le mieux l'art de faire fructifier la terre et d'en retirer le maximum de produits. Quand je lui ai présenté la grosse objection de ceux qui redoutent le danger d'envoyer des populations catholiques parmi ces Boers, qui se glorifient de descendre des Huguenots et qui passent pour être d'une étroite intolérance, il m'a répondu que ni les lois ni les mœurs du pays ne s'opposent à l'immigration d'un nombre limité de catholiques. La constitution de l'État libre consacre la liberté des cultes, et telle est la tolérance religieuse que le Volksraad, composé exclusivement de protestants, vote périodiquement un subside pour subvenir aux besoins du culte catholique. Mais il va de soi qu'il ne peut être question d'une immigration en masse : si cinq cents familles catholiques arrivaient demain à Bloemfontein, elles s'exposeraient tout d'abord à mourir de faim, et elles seraient fort mal reçues par la population, car les protestants sont les maîtres du pays par leur immense majorité, et ils verraient de mauvais œil l'arrivée d'un grand nombre de colons d'une autre communion religieuse. Ce qui manque surtout dans l'État libre, ce sont les professions manuelles : tailleurs, charpentiers, maçons, forgerons gagneraient ici de gros salaires. Il y a aussi grand besoin de mineurs pour exploiter les riches mines de charbon récemment découvertes dans le nord-ouest de l'État. Le seul danger pour l'émigrant, et contre lequel il faut le mettre en garde, c'est, suivant M. Reitz, l'appât des mines d'or, auquel l'émigrant anglais ne résiste pas. Presque tous les Anglo-Saxons venus ici pour cultiver la terre ont bientôt couru aux « gold-fields » du Transvaal, et quatre-vingt-dix-neuf sur cent y ont perdu tout leur pécule. Mais le fermier qui aurait la sagesse de résister à ce dangereux appât pourrait faire facilement fortune.

Aux vues du Staatspresident sur l'émigration il est assez curieux de comparer l'opinion d'un des notables de Bloemfontein. M. Beck est le plus riche négociant de l'endroit, et sa maison est, avec celle du président, la plus belle et la plus hospitalière de la ville. C'est un Afrikander hollandais, mais il protesterait hautement si on le qualifiait de Boer, car il m'a fait du Boer un portrait assez peu flatteur. Les quarante-six Boers qui siégent au Volksraad sont tous, du premier jusqu'au dernier, hostiles à la politique du progrès : ils ont horreur du chemin de fer, du télégraphe, et autres innovations que les Anglais veulent introduire dans leur république pastorale, qui n'a que faire de toutes ces inventions néfastes. Dernièrement encore, ils ont refusé de voter la construction d'une voie ferrée qui unirait Bloemfontein à Port-Natal. Il a fallu toute l'habileté du président Brandt pour obtenir, à une seule voix de majorité et après plusieurs échecs successifs, le vote de la convention par laquelle les Anglais ont été autorisés à construire à travers l'Orange le chemin de fer qui fait communiquer la colonie du Cap avec le Transvaal ; et encore, jamais convention plus avantageuse n'a été conclue au profit d'un État : en vertu de l'accord intervenu avec le gouvernement du Cap, l'État libre, sans avoir déboursé un penny, a droit à la moitié des bénéfices de l'exploitation, et peut, quand il lui plaira, racheter le chemin de fer au prix coûtant. Suivant M. Beck, les Boers, qui voient de mauvais œil le chemin de fer, sont hostiles aussi à toute immigration étrangère. Le territoire de l'État est immense, mais il est à peine assez vaste pour un peuple exclusivement pastoral, dont chaque ferme occupe une étendue de quelques kilomètres carrés. Les Boers ont leurs fermes, et leurs fermes leur suffisent : ils n'ont que faire des autres ressources du pays, ils se confinent dans l'étroit égoïsme du paysan. « Vos fermiers n'ont rien à faire ici, » me disait textuellement M. Beck. Dans ce pays, toutes les fermes sont aux mains des Boers, et chaque Boer en possède plusieurs, réparties dans des régions différentes. Souvent une longue sécheresse, une pluie de sauterelles ou quelque autre fléau s'abat sur un district : en pareil cas, le Boer, qui est habitué à « trekken », quitte sa ferme pour une autre ; il émigre avec son bétail, et passe la saison dans un district plus favorisé. Ce que peut faire le Boer, l'émigrant ne le pourra point, s'il n'est assez riche pour acheter plusieurs fermes. Les ouvriers de ferme auront une condition pire encore à cause de la concurrence des noirs : les Boers n'emploient en effet d'autres bras que les Cafres, dont la main-d'œuvre ne coûte presque rien. M. Beck m'a raconté qu'un grand seigneur anglais, voulant favoriser l'émigration vers les pays de l'Afrique Australe, transporta à ses frais au cap de Bonne-Espérance, un certain nombre de familles auxquelles il donna un petit capital et des instruments aratoires : sa généreuse tentative échoua complètement, et les pauvres gens durent être ramenés en Angleterre. M. Beck n'est d'accord avec M. Reitz que sur un point : il reconnaît que les professions manuelles trouveront ici de l'emploi. Dans toute l'Afrique Australe on entend dire partout que le grand obstacle au développement matériel du pays est la rareté des bras. Les Cafres sont de bons valets de ferme, mais ils n'ont aucune notion des arts manuels, et voilà pourquoi nos artisans seraient très bien accueillis. En un mot, les fermiers trouveraient le champ occupé par les Boers, les hommes de métier trouveraient le champ libre.

Entre deux opinions divergentes il est prudent de n'accepter que la moins intéressée, surtout lorsqu'il s'agit d'une question aussi grave et aussi délicate que l'émigration. Quelle que soit la compétence de M. Reitz, on ne peut oublier qu'il est chef d'État et, à ce titre, intéressé dans la question.

Mais on peut se demander si l'État d'Orange, qui est demeuré jusqu'à présent, pour ainsi dire, fermé au reste du monde, et qui a dû à cet isolement même son existence de république pastorale, ne va pas se transformer sous l'irrésistible impulsion des chemins de fer. La vie pastorale peut se perpétuer dans une contrée telle que l'Islande, grande île perdue près du cercle polaire; mais il est douteux qu'elle puisse perdurer longtemps dans une contrée englobée dans les possessions britanniques et envahie par la voie ferrée. Cette question des chemins de fer est donc d'une importance suprême pour l'avenir de cette république enclavée, et les Boers en ont si bien conscience qu'ils ont toujours montré les plus grandes répugnances pour les communications faciles et rapides. Le jour où fut inaugurée la ligne qui relie actuellement Cape-Town et Bloemfontein a marqué le point de départ d'une ère nouvelle, et il ne paraît pas douteux que cette ère nouvelle sera marquée dans les républiques des Boers par les mêmes phénomènes de transformation qui se sont produits dans la colonie du Cap. Il est, en effet, intéressant de remarquer que dans la colonie du Cap aussi bien que dans la république d'Orange, ce fut l'élément conservateur des fermiers qui, autrefois, manifesta la plus vive opposition contre la création du réseau de voies ferrées qui sillonne maintenant le plateau sud-africain. Aujourd'hui que le réseau existe, cette opposition n'est plus qu'un souvenir du passé. Qui ne

UN PACAGE. ENVIRONS DE PRETORIA.

voit que, par les voies ferrées qui rapprochent désormais les deux pays voisins, l'État libre a pris un nouveau rang dans l'Afrique

Australe ? Cet État enclavé, qui n'avait point de ports, se trouve aujourd'hui en quelque sorte prolongé jusqu'à la mer, et le premier effet du nouvel état de choses a été l'union douanière conclue entre l'État d'Orange et le gouvernement du Cap. Antérieurement, l'État d'Orange était, en matière douanière, sous l'entière dépendance de ses voisins. Aujourd'hui, il perçoit les trois quarts des droits prélevés par la colonie du Cap, le quart restant revenant à la colonie pour droit de transit. Cette convention est extrêmement avantageuse à l'État, et a augmenté son revenu annuel d'une somme de deux millions et demi de francs. On estime à quatre millions de francs le bénéfice annuel que lui rapportera le chemin de fer, grâce surtout au rapide développement des mines d'or du Transvaal qui ont donné un si grand élan au commerce de l'Afrique Australe. Ces résultats sont dus à l'esprit éclairé du président Reitz et du président Brandt qui, par une habile politique, ont su triompher des résistances d'un parlement de paysans qui ne sont point de leur temps. Le président Brandt, qu'on appelle ici « le père de la patrie », le Washington de l'État libre, a sa statue de bronze qui vient d'être érigée devant le Parlement. Je suis arrivé un jour trop tard pour assister à la cérémonie de l'inauguration de ce monument, d'un médiocre mérite artistique.

II

PRETORIA.

Je n'ai pas mis moins de dix-sept heures à franchir, par le train spécial hebdomadaire, les 310 kilomètres qui séparent la capitale de l'État libre de celle du Transvaal. On part de Bloemfontein à sept heures du matin, on arrive à Pretoria à minuit et demi. Du matin au soir on traverse les plaines giboyeuses de l'État libre, qui, de l'une à l'autre frontière, se répètent avec une souveraine monotonie : la seule distraction est de voir les évolutions des troupes d'antilopes et de springbucks qui fuient à l'approche du train. Dans la soirée, on traverse le Vaal, rivière de peu de largeur et sans caractère spécial, qui sépare les deux républiques de Boers. L'une s'étend de l'Orange au Vaal, l'autre du Vaal au Limpopo : de là le nom de Transvaal, ou pays au delà du Vaal. De l'autre côté du pont a lieu la visite de la douane, car le Transvaal ne fait point partie, comme l'État libre, de l'union douanière.

A Elandsfontein on quitte le chemin de fer du gouvernement du Cap, qui se dirige vers Johannesburg, et on monte dans le train de la compagnie du chemin de fer néerlandais — Nederlandsche Spoorweg Maatschappy. — Le train se compose d'une unique voiture, dont la lanterne résiste à toutes les tentatives d'allumage :

au bout d'une heure on part avec, pour tout luminaire, une chandelle plantée sur une banquette. Pendant deux heures encore on file à toute vapeur sur la pente rapide qui descend du Rand, et on arrive enfin, avec une heure de retard, bien avant dans la nuit.

C'est une étrange sensation, à la descente du train, que de traverser en cab, par un froid de loup, les larges rues désertes et silencieuses d'une ville inconnue. Sous les clartés éblouissantes de la lumière électrique, cette ville paraît démesurément grande, et sous les morsures d'une température sibérienne on a l'illusion d'entrer à Moscou. Mais quand le cab s'arrête devant une toute petite maison sans étage, avec un toit de chaume, les rêves de ville russe s'évanouissent. Nous sommes au *Transvaal Hôtel*, dont on m'a dit merveille. Je crois que mon cocher cafre se moque : c'est pourtant l'hôtel, le seul de la ville, et il est tellement comble qu'il faut partager ma chambre, comme à Bloemfontein, avec l'inévitable Boer aux ronflements de cyclope. Le rustaud, qui dégage une odeur repoussante, a accaparé un des deux lits pour dormir et l'autre comme porte-manteau ; il a accaparé aussi l'unique cuvette, l'unique serviette, l'unique chaise. Dès qu'il fait jour, je me hâte de fuir l'hôtel pour aller me loger au club, où j'occupe une confortable petite chambre, grâce à l'aimable recommandation de mon consul, M. Barveldt.

Délivré de ce souci, allons reconnaître la capitale de la république sud-africaine. Lorsque j'y suis arrivé, la nuit, par les trompeurs mirages de la lumière électrique, je me suis extasié devant la largeur de ses rues, et j'ai cru que j'avais enfin découvert une ville dans cette Afrique Australe où je n'avais vu encore que des villages ; mais au grand jour, Pretoria m'est apparue sous son véritable aspect : ce n'est ni une ville ni un village : c'est un immense jardin où sont éparpillées, de loin en loin, des maisons, des villas, des cottages : c'est le *rus in urbe* d'Horace, la ville champêtre, telle que peut être la capitale d'une république de paysans. Les rues sont de vastes avenues, très droites, très larges, très longues, bordées de grands arbres que l'hiver ne dépouille point de leurs feuilles, car ces arbres, qu'on prendrait, à leur haute taille, pour des peupliers, sont en réalité des eucalyptus. Les avenues, tracées au cordeau, se coupent à angle droit. Elles ont une ou deux lieues de longueur, et elles se prolongent en chaussées dans la campagne. Pretoria s'éparpille donc sur un espace invraisemblable : c'est la ville des distances magnifiques, faite par un peuple qui ne voyage qu'à cheval ou en char à bœufs. Aujourd'hui que les Anglais y ont introduit le cab, le cab circule à côté des chars à bœufs. Les Cafres seuls vont à pied. Ce sont eux qui donnent à cette ville africaine sa couleur pittoresque : on les rencontre dans toute leur simplicité native, à demi vêtus d'une grossière couverture de laine aux vives nuances, qui laisse à nu les bras et les jambes ornés d'anneaux de cuivre.

Cette ville immense est comme un désert. Elle pourrait contenir un demi-million d'habitants, elle n'en a pas dix mille. Sa maigre population ne la remplit point. Ses rues, bordées de larges ruisseaux qu'il faut constamment enjamber ne sont point pavées, et les pluies les transforment en fleuves de boue. En dépit de la boue, qui est ici un cinquième élément, Pretoria offre un coup d'œil agréable qui n'appartient qu'à elle. Chaque maison est entourée d'un grand jardin, et les jardins occupent les trois quarts de l'étendue de la ville. Un jour peut-être les jardins disparaîtront pour faire place aux futurs alignements, mais alors Pretoria perdra son charme idyllique. Ce n'est partout que verdure, fleurs et ombrages au milieu desquels circulent mille eaux courantes. Parmi les ombrages dominent les eucalyptus et les saules pleureurs. Importés de Sainte-Hélène, les saules pleureurs sont aussi communs que les rosiers dont on fait les haies qui clôturent les jardins. Je n'ai vu nulle part une telle profusion de rosiers et de saules pleureurs. Pretoria peut s'enorgueillir d'être la ville la mieux éclairée du monde entier. La nuit, ses rues désertes et vides sont splendidement illuminées par des centaines de lampes à arc, et il n'est pas d'habitation qui n'ait son système de lampes incandescentes. Malgré ce luxe de lumière, on s'égare la nuit dans cet immense labyrinthe, où les passants sont si rares qu'on ne trouve personne à qui demander son chemin.

Cette ville a peu de monuments, mais elle a un joli nom qui plaît à l'oreille comme tous les noms qui sonnent à l'italienne. Ce nom lui vient d'un certain Pretorius, qu'il ne faut pas chercher, comme on pourrait le croire, dans l'histoire romaine, mais tout simplement dans les annales de la jeune république, née d'hier. Ce Pretorius fut le premier président de la colonie des Boers. Il fut le chef de ces vaillants pionniers qui, lors du grand « trek » allèrent chercher au delà du Vaal une patrie libre et indépendante. Pottchefstroom fut tout d'abord la capitale de la nouvelle république; mais à Pretorius succéda un autre Pretorius, fils du premier, qui estima que le siège du gouvernement devait être transporté plus au cœur du pays; et il fonda la capitale actuelle, qu'il appela du nom de son père.

Située sous le vingt-cinquième degré de latitude sud, il semble que Pretoria doive jouir d'un climat semi-tropical; mais une altitude de 1,400 mètres au-dessus de la mer tempère les effets du voisinage du tropique. Je ne sais ce que peut être Pretoria en été; mais au mois de juillet, au cœur de l'hiver, le climat m'y a paru aussi perfide que désagéable : en vingt-quatre heures, on y passe par toutes les alternatives de froid et de chaleur, et nulle part je n'ai éprouvé d'aussi soudains changements de température. A de gla-

RICHE BOER.

ciales matinées succèdent des journées brûlantes; de midi à
quatre heures, la chaleur augmente au point de devenir vérita-
blement accablante; puis, par une brusque transition, le coucher
du soleil amène un refroidissement de douze à quinze degrés qui
vous surprend au moment où vous êtes légèrement vêtu; dès que
les étoiles s'allument dans le ciel, le rayonnement nocturne provo-
que un nouvel abaissement de température, et une gelée d'hiver
succède chaque nuit à une torride journée d'été. A trois heures de
l'après-midi, on étouffe, par vingt-cinq degrés au-dessus de zéro; à
trois heures du matin, on grelotte par cinq degrés sous zéro. Il
faut la robuste constitution des Boers pour supporter un climat
aussi variable. Ces brusques écarts de température provoquent des
fluxions de poitrine qui amènent la mort en quelques heures.
M. Barveldt me disait qu'il a vu mourir cinq jeunes gens en une
semaine. En été, le climat a d'autres inconvénients : c'est
alors la saison des pluies et des fièvres; les orages éclatent avec
une violence inouïe, accompagnés souvent de grêlons assez
gros pour tuer un bœuf.: un cavalier surpris dans la campagne
par ces grêlons ne peut éviter la mort qu'en se couvrant de
la selle de son cheval. Les blancs, qui ne voyagent qu'à
cheval, ont toujours cette ressource; quant aux noirs, qui vont à
pied, leur crâne est assez dur pour résister à une pluie de
pierres.

Reprenons notre promenade à travers la ville. Voici, tout au
centre, la place du marché, qui est si vaste que toute la ville y
tiendrait à l'aise : c'est une plaine carrée, ou plutôt une mer de
boue, où aboutissent les grandes artères, et qui présente, le matin,
l'aspect d'un immense campement, lorsqu'elle est encombrée de la
foule des campagnards venus dans leurs chars rouges couverts de
toile blanche et attelés de longues files de bœufs. Au centre de
la place s'élève, complètement isolée, la vieille église hollandaise
réformée, construction très solide, très lourde, très laide, qui date
de la fondation de la ville, et qui est en grande vénération chez les
Boers. Le dimanche, ce temple est trop petit pour contenir la foule
des citadins et des campagnards, qui ont conservé dans toute sa
pureté la vieille foi des Huguenots.

Autour de la place sont les offices publics, les maisons de ban-
que, les principaux magasins et enfin le palais du gouvernement,
édifié depuis peu sur l'emplacement de la grange en chaume où
siégeaient autrefois les pères conscrits. L'édifice actuel est un immense bâtiment carré à trois étages, percé d'innombrables fenêtres et surmonté d'une coupole et d'un campanile que domine une
statue de la Liberté. Au sommet de l'édifice flotte le drapeau de la
patrie, aux couleurs hollandaises traversées d'une raie verte. Ce
capitole, érigé par l'orgueil national des Boers, n'a pas coûté moins
de trois millions et demi, et ce qui surprend le plus c'est de le voir

à Pretoria, dans une ville embryonnaire qui compte presque autant de rues que de maisons.

Dans ce palais aux cent portes et aux cent salles, on a réuni, comme au palais de Mexico, le parlement et tous les départements ministériels : le président de la République y a ses bureaux à côté du secrétaire d'État, du conseil exécutif, du trésorier-général, de l'auditeur général, de l'inspecteur des mines. C'est là aussi que siègent, sous le même toit que la législature, la cour suprême et la cour d'appel.

Ce qu'il ne faut pas manquer de voir, c'est le « Volksraad », qui se réunit tous les matins pour légiférer. Dès neuf heures, au signal de la cloche, les législateurs déposent leur pipe matinale, et vont occuper, de leur lourd pas de paysan — traduction du mot « boer » — les vingt-quatre sièges disposés dans la salle des séances, grande salle carrée, dont le plus bel ornement est le portrait du chef de l'État, en grand uniforme, la poitrine constellée de beaucoup de décorations et ornée du grand ruban vert qui symbolise le pouvoir présidentiel. Les pères conscrits s'asseoient devant des tables à tapis vert sur lesquelles sont alignés d'immenses vases de cristal : à voir la facilité avec laquelle ils absorbent des litres d'eau fraîche, on peut juger de la capacité de leur estomac. La séance est déjà commencée quand, par la grande porte qui s'ouvre au fond de la salle, apparaît un corpulent personnage que son large ruban vert désignerait suffisamment si l'on ne reconnaissait tout de suite l'homme dont le portrait pend au mur. C'est le premier citoyen de l'État, c'est Paul Krüger, ou plutôt c'est « Oom Paul », l'oncle Paul, comme ses concitoyens l'appellent familièrement. Quand il paraît, tous se lèvent, depuis le président jusqu'au greffier, et il salue l'assemblée d'une voix sonore, par le bonjour des Boers « goeden morgen! » On dirait une Majesté paraissant solennellement devant les représentants de la nation. Mais c'est une Majesté rustique, et cette rusticité apparaît jusque dans la coupe de sa trop large redingote noire et dans la gaucherie avec laquelle il porte son gros ruban vert aux dimensions épiques. La tribune où il prend place ressemble à un trône royal, surmonté d'un baldaquin dont les draperies aux couleurs nationales encadrent les armes de la République. A côté est une tribune plus modeste, où siège, en toge noire et en rabat, le président du Volksraad, qui est, après l'oncle Paul, le premier bourgeois du pays. Au pied de la tribune de l'oncle Paul est assis, à une petite table, un homme d'un air martial, aux petits yeux décidés, à la barbe large et épaisse : c'est le héros dont les Boers sont fiers, c'est le commandant-général Joubert, le populaire et vaillant capitaine qui vainquit les Anglais à Amajuba Hill. Il jette un coup d'œil d'envie sur le fauteuil où trône son rival, dont il fut le compétiteur aux dernières élections présidentielles.

Le Volksraad de Pretoria a une physionomie aussi tranquille que celle du Volksraad de Bloemfontein. Ce sont des Boers de même race paisible, de même langue, de même religion : mais des Boers plus purs de tout contact avec l'étranger. Ils parlent la langue hollandaise du vieux temps, et ils semblent descendus des vieux tableaux; à voir leurs saines figures, on comprend que les

hardis émigrants dont ils descendent ont pu coloniser l'Afrique Australe. Ils ont, dans leur façon de parler ou d'écouter, je ne sais quoi de rude et de sauvage qui tient du pionnier ou du pasteur : c'est par des interjections gutturales ou de pesants battements de pied qu'ils manifestent leur assentiment ou leur désapprobation. Impossible de comprendre leurs discours, tant leur prononciation s'éloigne de celle des Hollandais. Pendant toute la durée de la session parlementaire, ils reçoivent soixante-quinze francs par jour. La femme de l'un d'eux se plaignit un jour que son mari ne touchât pas plus que les autres, alors qu'il parlait plus que ne le faisaient tous les membres du Volksraad. Ses collègues estiment qu'on devrait lui voter une somme double pour l'engager à parler moins.

On peut dire que la capitale du Transvaal n'a gardé de sa vieille physionomie hollandaise que son président et son parlement. Pre-

UNE RUE A PRETORIA.

toria est trop près de Johannesburg, cette ville anglaise inopiné- ment surgie en plein pays des Boers, pour ne pas subir les effets de ce voisinage. Évidemment, la ville est assise sur des fondations hollandaises, et la race batave ne le cède guère, pour la ténacité, à la race anglo-saxonne. Mais, à côté du vieux Transvaal, qui a son histoire passée, histoire non dépourvue d'originalité et de gran- deur, il y a le nouveau Transvaal dont l'histoire est à faire; à côté du Transvaal pastoral représenté par les descendants des rudes pionniers qui colonisèrent l'Afrique australe, il y a le Transvaal industriel créé par les modernes pionniers de la fin de ce siècle. Et de même que les eaux du Mississipi jaunissent au contact du Missouri, de même le Transvaal subit l'infiltration de l'afflux anglo-saxon, et n'est déjà plus, en fait, qu'un pays anglais sous un gouvernement hollandais. Les nouveaux venus se soucient peu d'un gouvernement de Boers : n'ayant d'autre but que d'exploiter les richesses minérales du pays et d'obtenir des facilités de trafic, le reste leur importe peu ; ils ne s'intéressent qu'à leurs affaires individuelles, et non aux affaires de la République sud-africaine. Mais il est évident que ce n'est là qu'une situation transitoire, et que le jour viendra où il s'opérera, ou bien une fusion entre le Transvaal des temps passés et le Transvaal des temps nouveaux, ou bien une absorption de l'élément pastoral par l'élément industriel. La fusion ou l'absorption se feront suivant qu'il y aura ou communauté d'intérêts ou antagonisme entre les deux éléments. L'avenir résoudra le problème.

J'ai parcouru, en voiture, les environs de Pretoria avec M. Barveldt, qui m'a fait voir la promenade favorite des résidents ; une vallée s'ouvrant à une lieue de la ville, où une jolie rivière serpente au milieu d'une végétation africaine assez touffue. Mais j'avoue que j'aime mieux nos riants paysages européens : sur le haut plateau du Transvaal, le paysage a je ne sais quoi de sévère et de morose : nature peu aimable, fronçant le sourcil, à laquelle il est difficile de s'habituer. Même dans les environs immédiats de la capitale, les routes sont odieuses, et bonnes au plus pour des chars à bœufs ; une promenade en voiture y est agrémentée de cahots insupportables. Au passage à gué de la rivière, nous avons eu, naturellement, une collision avec une carriole conduite par des femmes cafres ; heureusement, l'accident s'est borné à une lanterne emportée et aux cris des femmes.

Çà et là, dans les environs de Prétoria, on aperçoit la ferme d'un Boer, où l'on trouve toujours un accueil aussi simple qu'hospitalier, l'accueil rustique du paysan, puisque « paysan » est la traduction du mot. L'offre de la traditionnelle tasse de café est dans les mœurs du Boer comme dans celles de l'Islandais ; mais le café du Boer n'a point, tant s'en faut, l'exquise saveur de celui que j'ai tant de fois savouré dans l'humble demeure de l'Islandais. La ferme du Boer a, d'un bout à l'autre du Transvaal, un aspect invariable, aussi bien dans les environs de la capitale que dans les parties les plus reculées du pays. Par suite de la rareté du bois, le Boer construit son habitation en argile et la couvre de chaume : les fenêtres basses, étroites, ne laissent pénétrer que peu de lumière, et ainsi la température se maintient fraîche dans l'intérieur. Autour de la maison blanche, basse, sans étage, assez semblable à celle des fermiers de la Campine, s'étendent des terres labourées, avec un verger et un potàger, et quelques travaux d'irrigation. Une ferme au Transvaal contient généralement un millier d'hectares. ni plus ni moins; une ferme qui n'aurait que la moitié ou le quart de cette étendue serait considérée comme une demi ou un quart de ferme. Aussi les Boers ne jouissent-ils point des avantages du voisinage et de la vie sociale; et c'est à cette cause qu'il faut attribuer leur proverbiale rusticité; ils vivent aussi isolés que les gens de l'Islande : ils ne connaissent point l'assistance mutuelle, leur ferme est leur petit monde, qui suffit à leur existence heureuse et calme.

Rien de plus simple que l'intérieur de l'habitation du Boer. La terre battue sert de plancher, les murs ne sont ni peints ni ratissés. Quant au mobilier, il se compose principalement de deux tables massives et de quelques bancs en sapins. Bien que le Boer soit d'origine hollandaise, on chercherait vainement chez lui la propreté hollandaise : on conçoit, d'ailleurs, que la propreté ne peut guère règner dans des demeures où le sol égalisé sert de parquet: il en résulte une poussière qui s'attache aux meubles de l'habitation, aux vêtements des habitants et même aux ustensiles de ménage et à la vaisselle. Chez le Boer, il ne faut pas regarder la vaisselle de trop près. Un colon m'a raconté qu'un jour, surpris par un orage, il alla demander l'hospitalité chez un Boer dont la femme lui servit du café dans le vase dont son enfant venait de se servir pour un tout autre usage.

Calviniste rigide, le Boer est profondément imbu de principes religieux et moraux : la bible constitue toute sa bibliothèque, et il la lit tous les jours en famille; il se marie de bonne heure, et il n'est pas rare qu'il atteigne la postérité de Jacob. Le veuvage lui est aussi pénible que le célibat, et la facilité avec laquelle il convole plusieurs fois s'explique par le fait de l'isolement où il vit. Il déteste l'Anglais, qu'il considère comme un envahisseur, et il méprise le Hollandais, qu'il regarde comme un intrus. Les dehors du Boer sont ceux qu'on peut attendre de ces rustiques ermites vivant loin de la civilisation. Rien n'est moins réjouissant que leur hospitalité grave et solennelle, qu'ils vous font payer par un long interrogatoire, toujours le même : ils veulent savoir si vous êtes marié, combien de frères et sœurs, combien d'oncles et neveux, d'où vous venez, où vous allez. Braves gens! Je n'en ai jamais rencontré un seul qui eût la moindre notion de mon pays. Le plus triste aveu que je pouvais leur faire était de leur dire que le ciel ne m'avait donné qu'un enfant. Comme ils me prenaient alors en pitié!

Il faut dire que les Boers valent mieux, comme nation et comme individus, que ce que les ont dépeints les Anglais, qui en ont fait des sauvages et des bandits cruels, dignes d'être mis au ban des nations civilisées. S'ils ont tué sans pitié les Anglais lors de la guerre qu'ils ont soutenue contre eux, c'est qu'après tout ils défendaient leur pays contre l'envahisseur : c'étaient de purs patriotes. Mais ils ont montré par deux fois qu'ils ont l'âme noble et magnanime. En 1889, quand les Anglais faisaient la guerre aux Zoulous, il eût été facile aux Boers de s'allier avec les indigènes ou tout au moins de profiter de la circonstance pour prendre les armes et chasser les Anglais du Transvaal. Ils n'en firent rien pourtant. Plus tard, quand ils furent en guerre ouverte avec les Anglais, ils ne commirent pas un seul acte de spoliation, ils ne profanèrent pas une seule demeure, alors que des milliers d'Anglais étaient à leur merci. Pretoria, la capitale du Transvaal, fut entièrement évacuée, à la suite de l'ordre donné aux habitants par le commissaire britannique de prendre leur résidence dans la forteresse comme un peuple assiégé. Les Boers auraient pu brûler ou piller les demeures de leurs ennemis, mais pas une seule violence ne fut commise. La modération qu'ils déployèrent pendant toute la durée de la campagne, s'abstenant de tout excès et de toute illégalité, est vraiment sans exemple dans l'histoire des guerres entre nations. En sorte qu'on ne sait ce qu'il faut le plus admirer, ou du courage héroïque avec lequel cette poignée de braves défendit sa patrie contre une puissante armée, ou de la générosité chevaleresque dont ils firent preuve après la victoire.

Jules LECLERCQ.

FEMME CAFRE DU TRANSVAAL.

www.ingramcontent.com/pod-product-compliance
Lightning Source LLC
LaVergne TN
LVHW020456060726
842525LV00005B/1745